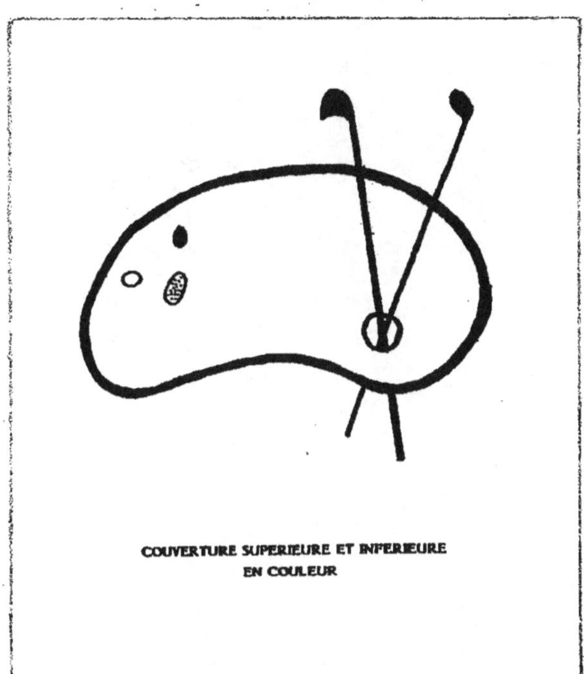
COUVERTURE SUPERIEURE ET INFERIEURE
EN COULEUR

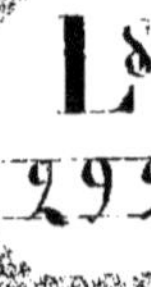

NOTE

SUR LA

COMMISSION

EXPLORATRICE ET SCIENTIFIQUE D'ALGÉRIE,

PRÉSENTÉE

A SON EXCELLENCE LE MINISTRE DE LA GUERRE,

PAR LE COLONEL BORY-DE-SAINT-VINCENT,

DE L'INSTITUT.

Le but d'une commission scientifique est de réunir complétement, et dans le moins de temps possible, ce qui peut contribuer à faire bien connaître une contrée dont l'étude importe non seulement à la puissance qui ordonna l'exploration, mais encore à l'universalité du monde savant. Le passé doit être interrogé par elle autant que l'état présent des choses; des collections de tout genre seront formées par ses soins; on n'y laissera rien échapper, les moindres faits ayant souvent leur importance et pouvant servir à remplir des lacunes demeurées entre ceux qu'on avait déjà, mais imparfaitement, observés; une commission scientifique enfin, s'il est permis de s'exprimer ainsi, est faite pour élaborer les élémens d'un monument encyclopédique.

Les travaux de topographie asservis à la rigueur d'opérations astronomiques et géodésiques, d'où résulte un bon figuré du pays, doivent d'abord servir de bases à tous les autres. La géographie est ce qu'il est le plus essentiel de connaître, et celle de l'antiquité ne peut être étudiée avec fruit si l'on n'a préalablement reconnu quelle est celle d'aujourd'hui. Les savans, qui s'occupant d'antiquité du fond de leur cabinet, et les vieux auteurs sous les yeux, pensent débrouiller la géographie ancienne sans le secours d'une bonne carte moderne, ne font que s'essayer dans les ténèbres. Nos travaux de Morée et ceux auxquels se livrent présentement messieurs les officiers de l'état-major de l'autre côté de la Méditerranée, l'ont bien prouvé en démontrant l'absurdité (qu'on me passe ce mot) de tant de rêves d'érudition qu'a fait évanouir la connaissance de la réalité.

Le général directeur du dépôt de la guerre, pénétré de telles idées, n'a donc point attendu qu'il fût question d'organiser une commission scientifique d'Algérie, pour s'occuper de la géographie africaine. Grâce à l'éducation que reçoivent aujourd'hui messieurs les officiers d'état-major et la manière dont ils en profitent, il est inutile de chercher hors du corps royal des géographes et des dessinateurs. Tous sont en état de bien relever ainsi que de figurer parfaitement le terrain; et comme les moindres accidens de celui-ci sont scrupuleusement notés par leur crayon, ils deviennent plus aptes que qui que ce soit à retrouver les ruines de divers âges, à fixer leur position, à juger de l'époque d'où elles datent, et de ce que furent les monumens dont elles rendent témoignage. Non seulement ils en détermineront le site et rechercheront ce qu'elles purent être, mais encore ils en rendront l'aspect avec les détails, et lorsqu'ils en auront mesuré les diverses parties, ils n'auront garde de perdre un temps précieux à tenter de ces restaurations sur le papier, où se complaisent seuls des entrepreneurs de bâtimens qui s'en veulent faire des prospectus. La brigade géographique pourrait donc au besoin tenir lieu de ces coûteuses sections d'architecture, dont l'utilité répond rarement aux énormes dépenses qu'elles occasionent, et qui furent toujours des causes de retard dans les publications postérieures.

Une section de géographie ancienne et moderne étant donc naturellement organisée au département de la guerre, et se trouvant déjà en activité sur les lieux, on doit s'en tenir pour la continuation de ce qu'elle a si bien fait jusqu'ici, au *statu quo*. Peut-être cependant pourrait-elle être renforcée pour en avoir plus tôt fini.

La promptitude et la perfection que mettent dans leurs travaux les membres actuels de ce qu'on pourrait déjà considérer comme l'une des sections de la commission exploratrice, démontrent les avantages qu'il y aurait pour les autres sections d'en recruter les membres, autant que possible, parmi les officiers de l'armée, puisqu'il est question d'opérer dans un pays où, la tranquillité n'étant pas entièrement affermie, la commission peut être exposée à courir des dangers de guerre. Et qu'on n'objecte point que nos militaires demeurent étrangers aux sciences, dont le goût s'étend au contraire dans tous les rangs. J'ai été moi-même témoin, en Morée, du zèle couronné de succès, avec lequel des officiers de la ligne et du corps médical s'occupaient d'histoire naturelle, de physique ou d'antiquité. Je me suis dès-lors convaincu que, si le ministère voulait engager le conseil de santé à désigner des sujets pour remplir entre autres des places de physiciens, de physiologistes, de zoologistes et de botanistes, MM. les inspecteurs, très-bons juges en ces matières, n'auraient que l'embarras du choix parmi leurs subordonnés.

Indépendamment du lustre que répandraient sur l'état militaire de la France les succès d'un corps savant, tiré en grande partie, de son sein même, d'autres considérations me paraissent devoir déterminer le gouvernement à compléter, autant qu'il pourra le faire, la commission exploratrice par des militaires.

Il y trouvera d'abord de l'économie, puisqu'il ne sera plus question que d'ajouter un supplément de solde et quelques indemnités au traitement de chacun pour élever ce traitement au taux qu'il est d'usage d'accorder en de telles circonstances.

On trouvera une raison plus puissante encore dans la subordination à laquelle les militaires sont habitués, dont ils sentent la nécessité, et qui, pour la réussite des opérations d'une commission exploratrice en pays insoumis, n'est pas moins indispensable qu'elle l'est dans toute autre branche du service.

C'est ici le lieu de le déclarer; aucune commission du genre de celle qu'il est question d'envoyer dans nos possessions d'outre mer n'a rempli jusqu'à ce jour complétement l'honorable mission dont elle fut chargée. N'entendant accuser qui que ce soit, ni faire le procès du passé, il me suffira d'avouer qu'ayant moi-même dirigé une opération analogue, la publication qui en fut le résultat, que l'Europe savante a daigné accueillir favorablement, qui m'a valu l'honneur de siéger à l'Institut ainsi que d'illustres suffrages, et que je crois être la meilleure de toutes celles de sa catégorie, n'est pas à beaucoup près ce qu'elle devrait être, et n'équivaut pas en perfection aux dépenses qu'elle occasiona. J'y ai cependant mis tout mon savoir-faire, et travaillé trois ans consciencieusement, aidé de non moins consciencieux, mais plus savans collaborateurs que j'avais choisis; cependant on m'en avait aussi imposé d'incapables, d'infidèles, et dont la convoitise des appointemens avait seule décidé l'envie de m'accompagner.

Dès qu'il est bruit que le gouvernement songe à organiser quelque expédition de découvertes, une multitude de prétendans désireux de voir du pays sans bourse délier, et qui, prenant leur besoin de changer de place aux frais de l'État pour une vocation, obsèdent ou font obséder le pouvoir afin d'être mis de la partie, font parfois valoir les titres les plus extraordinaires pour obtenir la préférence sur des rivaux plus convenables, mais qui, laborieux et modestes, ne sont, hélas! poussés par aucun Mécènes hauts placés. De tels candidats sont propres à tout; la passion de s'instruire pour instruire ensuite les autres, l'amour des sciences et des arts, le désir d'observer les mœurs et d'en écrire, l'affiliation à certaines sectes, des entreprises périlleuses précédemment mises à fin pour recueillir des *impressions*, *paysages*, *tableaux*, *souvenirs*, etc., etc., de poétiques écrits sur les merveilles de la nature, des romans historiques même, sont les motifs généralement allégués. Chacun possède une plume au service de la commission; l'un parle toutes les langues, ayant suivi les leçons de chinois ou de sanscrit de quelqu'illustre professeur; à la vérité il ne sait pas l'arabe, mais il promet d'apprendre; l'autre est familier avec l'histoire de tout l'univers, mais il ignore absolument celle d'Afrique, qu'il étudiera; celui-là ne connaît de géographie que ce qu'on en enseigne au collége, mais il essaiera de faire celle de la contrée qu'il est question de visiter; celui-ci est un savant médecin qui, n'ayant point encore de clientelle, veut se perfectionner dans sa partie en attendant que la clientelle arrive; un autre enfin excelle en architecture, mais, n'ayant point d'ouvrage, il doit se faire un nom par des restaurations pour s'en procurer: tous néanmoins feront marcher de front des recherches de toute sorte, ils ramasseront au besoin des herbes salutaires, les pierres qui peuvent renfermer dans leur sein des métaux précieux, de brillans insectes et mille autres objets curieux; il n'est pas de fatigues qu'ils ne soient en état de supporter, car ils sont animés du génie des voyages, et le génie rend propre à tout. Or, le génie ne connaît pas d'entraves, l'espace, la liberté et l'indépendance absolue lui sont indispensables; aussi voit-on ceux qui en sont doués, et qu'à ce titre on comprit au nombre des membres d'une commission exploratrice, s'en séparer dès qu'ils abordent sur la rive lointaine, se débander, aller où les pousse leur curiosité capricieuse, et, s'étant avant leur départ ménagé de la place dans une revue littéraire ou le feuilleton d'un journal quotidien, occuper l'Europe de leurs découvertes et de leur active coopération dans les travaux d'un corps où ils ne figurent en réalité que sur les feuilles qu'acquitte le payeur.

Après avoir touché leurs indemnités de route et le plus qu'ils peuvent de leurs appointemens, de tels collaborateurs reviennent, au moindre accès de fièvre, ou dès qu'ils jugent en avoir assez vu, se parer du titre de membres de l'expédition savante, afin de se donner de la considération chez leur libraire. On les voit alors publier leur relation, et déflorer ainsi les publications que feront plus tard ceux de leurs collègue demeurés fidèles à leurs devoirs : mais ils retrouvent leurs protecteurs, qui, émerveillés de la sagacité et de la promptitude qu'ils ont mise à recueillir et à faire de si belles choses, ne manquent pas d'obtenir pour eux de nouvelles indemnités dites de retour, la continuation de leurs honoraires pendant le temps nécessaire à la fabrication de leurs livres, et quelque bon emploi de bibliothécaire ou des commandes de travaux.

J'ai été témoin de pareilles choses, et j'ai même vu ceux des membres d'une commission scientifique, qui s'étant honorablement comportés, y firent merveille au péril de leur vie, être les moins bien accueillis à leur retour, et ne trouver que des entraves dans certains bureaux, lorsqu'il fut question de mettre au jour le résultat de leurs recherches; ils furent même privés de toute solde pendant qu'on en prodiguait à de moins utiles; demeurèrent, pendant la durée de deux ou trois ministères, dédaignés ou même repoussés, et n'obtinrent de récompense qu'à l'entrée dans le conseil d'un ministre ardent au bien, et qui, sans connaître que par leurs écrits les auteurs auxquels des intrigans avaient été préférés, se hâta de leur adresser les décorations qui depuis long-temps leur étaient dues. Je n'appuierai point tous ces faits en citant les noms propres, l'histoire un jour les connaîtra; je ne donnerai pas même un état, que je serais cependant en mesure de faire, des dilapidations et dépenses non légitimes qui en ont été les conséquences; il suffit de signaler de tels abus au gouvernement actuel pour qu'ils ne se renouvellent pas. On doit espérer que ces exemples feront sentir combien il est nécessaire de former désormais, de toutes les branches d'une commission exploratrice et scientifique, un seul faisceau dirigé vers un même but, et dont l'ensemble soit soumis à certaines règles de subordination. Il serait facile d'y établir une bonne discipline comme il en existe dans un essaim d'abeilles, à qui les corps savans se peuvent comparer, si la commission, sous la direction d'un chef unique, était le plus possible recrutée dans le département de la guerre. Ainsi fait la marine dans les voyages de découverte quand elle en ordonne, et la marine s'en trouve généralement bien.

Lorsque l'armée ne fournira pas une spécialité nécessitée pour la circonstance, et qu'il faudra la chercher hors de ses rangs, on la choisira entre les capacités incontestables, parmi de véritables savans voués aux progrès des connaissances humaines et reconnus pour ne point être les créatures ou les hommes de personnages influens qui voudraient avoir un agent ou leur collecteur particulier dans l'entreprise; on les choisira parmi des auteurs qui, ayant fait leurs preuves, n'acceptent d'emplois que pour les remplir dans l'intérêt commun. Les noms de tels collaborateurs équivaudront aux plus solides garanties, en ce qu'ils suffiraient déjà seuls pour jeter du lustre sur toute entreprise à laquelle ils voudraient bien prendre part.

La nécessité de tenir à l'armée, ou de présenter des titres avérés comme savant pour être admis dans une commission exploratrice, met d'ailleurs le pouvoir à l'abri de ces obsessions qui trop souvent en firent livrer les emplois à des incapacités puissamment protégées. On s'en convaincra, en jetant les yeux sur la composition de la commission dont j'ai dirigé la principale section de 1828 à 1830, telle qu'elle existait à notre arrivée en Morée sur l'état qu'en eut le payeur, et sur la réduction de son personnel tel qu'il demeure en tête de nos publications. De près de vingt membres formant trois sections et payés généreusement par le ministère, sept seulement demeurèrent fidèles à leurs engagemens. Le surplus, qui n'avait pas consulté ses forces avant de s'engager dans une expédition qu'on croyait être un simple voyage d'agrément, tomba malade ou prétendit l'être. Il y eut même des sujets très-bien portans qui désertèrent dans la véritable acception du mot, non sans avoir préalablement pris la précaution de toucher un trimestre anticipé chez le trésorier de l'armée. Le passé doit servir de leçon, et montrer combien il sera bon de résister à toute influence de cotterie dans le choix du personnel. Il faut surtout éviter d'employer quiconque ne sera pas uniquement l'homme de la chose, et que des personnes étrangères voudraient faire nommer pour avoir une influence clandestine ou des communications particulières. Dans de telles entreprises, les travaux doivent être la propriété du gouvernement et réunis sous son contrôle unique ; ils doivent l'être dans un seul esprit et en commun, afin qu'au retour on en puisse ordonner une publication homogène, où les parties soient équilibrées, répondent par leur perfection aux sacrifices qu'en aurait causés l'ensemble, et qui soit digne qu'on le puisse considérer comme un monument élevé à la gloire de la France et de son gouvernement.

L'existence d'une commission scientifique comprend deux époques distinctes : 1° celle des travaux sur les lieux qu'on pourrait appeler de la récolte, 2° celle de la publication ou l'œuvre du retour.

La première sera d'une durée d'autant moins longue, que le nombre des collecteurs sera plus considérable. Ce nombre doit être proportionné à l'étendue des contrées qu'il s'agit d'étudier, ainsi qu'à la quantité présumée des choses qu'on suppose y exister. D'ailleurs le temps de la cueillette, si l'on peut s'exprimer ainsi, tournera au profit de la promptitude de la publication, parce qu'une multitude de choses se trouveront rédigées sur place quand la mauvaise saison suspendra les excursions.

Cette seconde partie du travail, dégrossie sur les lieux, ne peut se compléter et se terminer qu'au retour, avec le secours des bibliothèques et des musées de la capitale ; et pour qu'elle ne se fasse pas dispendieusement attendre des dixaines, des vingtaines ou des trentaines d'années, chaque branche des sciences doit y être subordonnée à une sorte de devis d'après lequel, en raison de son importance et selon l'appréciation judicieuse qu'en doit faire le directeur de l'expédition, les rédacteurs seront rémunérés.

Le choix du libraire chargé de la mise au jour de l'ouvrage, doit encore être dans les attributions d'un directeur ; c'est ce que l'expérience démontre par la célérité et la beauté de la publication de ce que je dirigeai de l'ouvrage de Morée, et la régularité avec laquelle ont paru les grands voyages de la marine, toutes les fois que l'on n'y a pas eu la main forcée par de négligeans rédacteurs. Les détails de la publication se règlent d'ailleurs définitivement après l'exploration, en raison des résultats obtenus par l'essaim savant.

L'Algérie a été jusqu'ici très-parcourue, malgré les obstacles que les voyageurs y rencontraient et y rencontrent encore. Les notions de tout genre qu'on en a acquises ne doivent pas être négligées; elles fournissent des lumières suffisantes sur la manière dont la commission doit se composer selon les besoins de chaque branche des sciences.

La partie géographique était la moins avancée ; on y a d'abord pourvu; il ne s'agit, ai-je déjà dit, que de continuer à faire comme on fit. Si son excellence le ministre de la guerre se déterminait à grossir la brigade topographique de quelques officiers, il serait peut-être bien que l'un d'eux accompagnât le directeur de l'expédition dans les excursions que celui-ci devra entreprendre au loin et dans l'intérieur, toutes les fois qu'il en pourra saisir ou faire naître l'occasion avec la protection de S. Exc. le gouverneur.

Les sciences naturelles sont celles sur l'étude desquelles on doit apporter une attention particulière; par elles, on complétera la connaissance des productions du bassin méditerranéen. Le chef de l'expédition devra, outre les secours qu'il tirera de ses collègues pour composer la collection complète de productions des trois règnes, appeler les communications bénévoles de tout savant ou amateur qui se serait occupé de l'histoire naturelle des régions barbaresques, en promettant à chacun mention honorable dans la publication générale. Ce moyen nous a parfaitement réussi dans le grand ouvrage de Morée, et le zèle des collecteurs officieux pourra être récompensé par le gouvernement s'il devient réellement utile, par le don d'un exemplaire de l'ouvrage à la perfection du uel ils auraient contribué.

L'étude de la géographie ancienne rentrant, selon moi, dans celle de la géographie actuelle, je ne vois pas la nécessité de grossir le budjet de la commission d'étrangers au corps d'état-major chargé de s'en occuper. Quand le pays sera parfaitement représenté, et que les moindres accidens en seront signalés sur les cartes à grand point de chaque province, les savans de toute l'Europe pourront en raisonner sur la foi de messieurs les officiers d'état-major non moins bien que s'ils se transportaient sur les lieux, où la crainte du yatagan des Arabes pourrait bien troubler leurs habitudes.

L'architecture et la sculpture sont loin d'offrir en Afrique l'intérêt qu'elles présenteront toujours en Grèce, ou dans cette Italie, qui fut durant tant de siècles la métropole de notre Mauritanie; peu de temples, point de palais ne s'y élevaient; le luxe des constructions était réservé pour la capitale du monde ou pour ses provinces, tellement soumises, que les habitans y étaient devenus des Romains. En Afrique, les vagabonds du désert rendaient toujours précaire le sort des colons contraints de s'y garder; c'étaient des forteresses qu'on y élevait. L'architecture militaire, en général dépourvue de ces ornemens qu'imprime pour l'avenir le ciseau sur la pierre, est donc la seule dont on peut espérer de retrouver quelques vestiges. Messieurs les officiers d'état-major, dans leurs reconnaissances armées, suffiraient pour les faire connaître; on pourrait cependant attacher à la Commission un adjoint désigné par l'Académie des Beaux-Arts, pour s'occuper des ruines spécialement sous le rapport des formes et de la nature de leur construction.

Si les Romains ou autres dominateurs de la région barbaresque n'y ont guère laissé que des traces de leur architecture militaire, il n'en est pas de même de leurs médailles, dont il paraît que le sol est rempli. Un antiquaire avec un adjoint, chargés de récolter tout ce qui a rapport à la numismatique, seraient utiles. Peut-être serait-il également bon qu'un savant, versé dans l'étude des temps passés, fût sur les lieux pour comparer les récits de l'histoire aux accidens du terrain, aux influences du climat, aux productions du sol, aux traditions conservées, afin de saisir les raisons qui firent dans le passé changer si souvent l'Afrique de maîtres.

La linguistique sera également représentée par un membre dans la commission; celui-ci rechercherait en outre partout où l'on pourra supposer qu'il en existe, des livres, manuscrits, chartes, titres ou autres pièces contenant des traces du passé.

Les officiers d'état-major chargés de tout ce qui a rapport à l'état actuel de la contrée devront prendre sur la statistique le plus de renseignemens possible, et il n'est pas de membre de la commission qui ne se fasse un devoir de recueillir concurremment des renseignemens sur cette science.

L'agriculture étant en Algérie une chose fort mal entendue, l'étude n'en sera pas non plus assez importante pour nécessiter la nomination d'un membre uniquement chargé de cette spécialité, et l'on cherchera parmi les botanistes une personne versée dans cette branche de nos connaissances, à qui le chef de l'expédition rappellera qu'il faut non seulement observer les pratiques agricoles en usage chez les habitans, mais tâcher de répandre parmi eux les améliorations qu'ils seraient susceptibles de comprendre et d'adopter.

Un membre de la commission doit être particulièrement chargé de s'occuper de physique et des observations météorologiques, magnétiques, etc. Muni de baromètres, de thermomètres et autres instrumens, il devra voyager le plus qu'il pourra et s'entendre pour des observations comparatives avec les naturalistes qui demeureraient au bord de la mer ou que la nature de leurs recherches attacherait aux positions intérieures, et qui, également munis d'instrumens, doivent être en état de s'en servir utilement.

La plus grande latitude doit être accordée au chef de l'expédition dans la direction des travaux de chaque membre. Seul il est apte à juger des cantons qu'il faut successivement explorer et de l'ordre dans lequel les recherches seront faites. Lui tracer étroitement de la rue Saint-Dominique ses devoirs et sa marche, rappellerait ces temps routiniers où les opérations de guerre étaient ponctuellement ordonnées de Versailles, et durant lesquels un général ne pouvait faire un pas que l'ordre ne lui en vînt du cabinet. Un homme qui, dans une belle position, se résout à la quitter pour affronter des dangers et acquérir un surcroît de renommée, mérite qu'on lui laisse beaucoup plus de latitude.

Si donc mes projets sont adoptés en cette conjoncture, je diviserais la commission exploratrice et scientifique d'Afrique en trois sections, non comprise celle de géographie, que le général directeur du dépôt conservera nécessairement sous son autorité.

1° La section maritime ou du littoral. Elle serait composée d'un botaniste; d'un zoologiste pour les animaux mollusques; d'un zoologiste adjoint-préparateur pour le reste de la zoologie, et d'un dessinateur d'histoire naturelle pour les objets microscopiques, fugaces, l'anatomie, etc.

Ces messieurs feraient pêcher, draguer et plonger; ils s'attacheraient dans la saison aux stations des corailleurs, et ne négligeraient pas les observations météorologiques de toute nature; ils seraient à cet effet munis de baromètres et de thermomètres; ils comprendraient la nécessité de tenir note des moindres variations atmosphériques et de toute nature, outre qu'ils tiendraient un registre où se consigneraient au niveau des flots trois observations journalières, etc. Ils se transporteraient le long des côtes de l'est à l'ouest, travaillant de concert et s'entr'aidant, afin d'utiliser en commun les moyens nécessaires pour se procurer les productions sous-marines.

2° La section territoriale ou de l'intérieur. Elle serait composée d'un botaniste et d'un zoologiste. Tous deux doivent être, comme ceux de la section précédente, des sujets d'élite; ils ne doivent négliger aucune observation touchant les reste des productions naturelles. Ces messieurs seraient placés au point le plus avancé dans l'intérieur qu'occupe l'armée, à Constantine, par exemple, dont ils exploreraient les environs en s'en éloignant, toutes les fois que des colonnes mobiles ou des reconnaissances militaires auxquelles ils auraient soin de s'associer leur en procureraient la faculté. Ils feraient aussi des observations barométriques, thermométriques ou autres, correspondantes avec celles de la section riveraine. Un dessinateur ne leur étant pas indispensable, il serait inutile d'en grossir le budget de la commission.

3° La section nomade; elle serait formée du chef et de son interprête, d'un botaniste-agriculteur, d'un adjoint zoologiste chasseur et préparateur, d'un peintre-dessinateur de paysage, d'un autre dessinateur adjoint pour l'étude de l'homme, apte à saisir les traits de tous les individus indigènes qu'il serait jugé nécessaire de figurer, d'un géologue, et des membres préposés à toutes les autres branches des sciences et des arts, qui auraient des représentans dans la commission.

Le chef conduirait cette importante section où il le jugerait convenable, s'entendant avec le gouverneur ou les commandans des provinces pour être associé aux grandes reconnaissances ou autres mouvemens de troupes, en diriger lui-même au besoin, et faire marcher la science sous l'égide de la guerre.

Quelques réflexions précéderont ici l'exposé du plan que je crois le mieux fait pour assurer l'entière réussite des opérations de la section nomade, destinée à mettre continuellement en rapport les deux premières et à battre le pays aussi loin qu'il sera possible de le faire.

Les indigènes, à quelque race ou nuance de croyance qu'ils appartiennent, ont les Européens en antipathie; ne faisant aucun cas de nos arts, n'ayant pas nos besoins habituels, méprisant notre civilisation, on ne sait par quel point se mettre en contact avec eux et comment s'y prendre pour trouver sûreté dans leur commerce. Cependant, on a observé que la supériorité de nos procédés dans l'art de guérir avait triomphé de leurs préventions; et tout étranger qui s'annonce au milieu d'eux avec des moyens curatifs, en est d'abord assez bien accueilli.

C'est donc à l'aide de la médecine et de la chirurgie que le voyageur peut tenter de cheminer à travers les peuples de l'Afrique; la pratique de ces sciences peut seule le prémunir contre les effets de leur mauvais vouloir. Conséquemment si, dès que la commission sera organisée, rendue sur les lieux et prête à se mettre à l'œuvre, on prenait tous les moyens convenables pour instruire les Arabes de son existence et de sa mission, en leur faisant entrevoir un but auquel il serait d'ailleurs dans ses attributions d'atteindre, et dont ils pourraient espérer quelque avantage personnel, on aurait assuré le succès de sa marche. Il faudrait donc rédiger d'abord une sorte de programme en langue arabe, qu'on tâcherait de répandre par toutes les voies de publicité qui sont à la disposition du gouvernement.

Il serait dit dans cet écrit que S. M. le roi des Français, songeant moins à étendre son autorité sur des contrées lointaines qu'à y répandre autant qu'il est en son pouvoir de le faire, les bienfaits résultant pour ses propres sujets de la civilisation, a voulu que des hommes de science y pénétrassent pour en connaître les plus poignantes misères et les soulager. On entrerait alors dans les détails qu'on croirait les plus faits pour frapper l'ardente imagination des Arabes, concernant l'art de guérir, complétement ignoré chez eux, où les Français se livrent avec d'incontestables avantages et dont ils viennent apporter les salutaires pratiques dans des contrées sujettes à tant de maladies, et dans lesquelles la plus légère blessure reçue dans les combats peut, faute de secours habilement administrés, devenir une cause de mort. Voici, ajouterait-on, des gens de l'art qui viennent étudier vos infirmités afin de les guérir, en attendant que vous veuillez vous donner la peine d'apprendre à les guérir vous-mêmes; partout où la commission exploratrice pénètrera, accourez, malades et blessés de toutes les tribus; c'est une ambulance qui circule; les médicamens propres à chacune de vos maladies vous y seront donnés, et l'on soulagera vos maux, chemin faisant. Si vous vous battez entre vous, on pansera les blessés des deux camps; car, pour les Français, vous êtes tous des hommes. La commission ne porte avec elle ni or, ni valeurs qui puissent tenter la cupidité de qui que ce soit; avec des remèdes de toute espèce qui vous sont destinés, mais dont vous ne sauriez vous-mêmes faire l'emploi, elle n'est munie que de papier gris pour conserver les échantillons des simples de votre pays qu'elle veut comparer à ceux de l'Europe pour y chercher des panacées, des liqueurs préparées pour conserver les animaux et jusqu'aux moindres insectes que nourrissent vos solitudes, et entre lesquels plusieurs ont peut-être des propriétés médicinales; des moyens nécessaires pour étudier jusqu'à l'air de votre climat, afin d'y chercher les causes qui, l'empoisonnant de temps à autre, y font développer les germes de la contagion et de la peste; enfin d'outils propres à exhumer de votre sol desséché des sources qui circulent certainement dans ses profondeurs, et de vos pierres mêmes des poudres métalliques qui puissent fournir des remèdes héroïques comme on en a découvert en d'autres lieux, etc., etc., etc. Il faut l'avouer, un peu d'emphase règnerait dans une telle pièce, où cependant existerait un fonds de vérité; mais aurait-on jamais plus innocemment tiré parti de la crédulité des hommes pour leur propre bien? La commission se verrait, il est vrai, dans la nécessité de remplir les promesses de sa proclamation, et conséquemment importunée bien des fois par la multitude des consultations qu'il lui faudrait donner; nul doute cependant qu'elle ne fût dès-lors partout bien reçue des masses les plus ignorantes, et l'appareil militaire dont elle serait environnée ôterait au petit nombre des malintentionnés la pensée de l'attaquer jamais, puisqu'ils n'auraient pas autant de profit à espérer de ses dépouilles que de dangers à courir pour se les approprier. Avec de la prudence, de l'adresse, la résolution de se rendre utile et de la fermeté, en saisissant l'à-propos dans ses excursions, en se gardant militairement dans son camp, en donnant partout des exemples d'humanité, mais de sévérité au besoin, le chef de l'expédition concevra l'espérance de pénétrer où nul Européen n'a probablement encore pénétré, et jusqu'en des régions où peut-être il serait impossible de parvenir avec l'appareil de la conquête.

On sent combien, dans un tel plan, le secours des officiers de santé entre en première ligne; c'est principalement sur leur coopération que l'on comptera pour visiter peut-être jusqu'aux revers de l'Atlas, aux limites du désert, et ce Biledulgerid dont tout le monde parle et que personne n'a jamais vu. Or le corps des officiers de santé de l'armée est admirablement composé sous les rapports de l'instruction, du courage et du dévouement; il est présidé par des inspecteurs du plus haut mérite, dont tous les efforts tendent à lui donner chaque jour un nouveau lustre, et aux désignations desquels il faudrait aveuglément s'en rapporter; car, par la raison que lorsqu'il est question de faire un siége, c'est sur l'avis des comités du génie et de l'artillerie que le ministre de la guerre choisit ses ingénieurs et ses artilleurs; il serait absurde dans un cas où la sagacité des sujets doit seule servir de titres, qu'on les choisît d'après l'avis d'une administration inhabile à prononcer sur la capacité de médecins, de chirurgiens et de pharmaciens.

La section nomade serait donc grossie au moins de deux médecins, de deux chirurgiens et d'un pharmacien des armées désignés par le conseil de santé, lequel sera invité à faire confectionner une provision de secours et de médicamens de tout genre et en proportion des besoins présumés d'après les notions qu'il doit avoir déjà sur la nature et la prédominance des maladies qu'on croirait avoir plus particulièrement à combattre. Que les officiers de santé, dont je crois que le service doit assurer le succès de l'exploration, soient payés en Afrique ou ailleurs, le budget de la guerre en est-il le moins du monde surchargé? N'y a-t-il pas économie des appointemens qu'il faudrait donner à des sujets tirés de l'ordre civil? Son excellence cependant jugera s'il ne serait pas convenable d'attacher à la commission un médecin physiologiste et un chirurgien anatomiste d'entre ceux qui, non compris dans les cadres du service de santé ont demandé à faire partie de la commission.

Des instrumens, entre autres, de bons microscopes, des baromètres, des thermomètres, des moyens d'analyser les eaux thermales, de former des herbiers, de chasser, de prendre et de conserver des animaux de tout genre, les bocaux, la liqueur, les préservatifs nécessaires, en un mot tout ce qui est indispensable en pareille occurrence, et qui fut donné libéralement à la commission de Morée par le ministère Martignac, serait également donné à celle d'Afrique sur l'état qu'en présenterait chaque section.

Avec ces moyens et le personnel ci-dessus indiqué, je pense qu'en deux ans on peut, si les choix sont convenables et qu'on n'admette entre les membres de la commission qui que ce soit dont l'utilité, la spécialité et la capacité ne seraient choses constatées, je pense, dis-je, qu'en deux ans la région septentrionale du continent africain, entre le grand désert de Sahara, l'empire de Maroc, la Méditerranée et le voisinage des syrtes peut être suffisamment exploré.

Je pense qu'en mettant à profit pour la réunion de la commission au chef-lieu de nos possessions ou dans tout autre point de sûreté les trois ou quatre mois de chaleurs et de pluies qui rendent les explorations impossibles, on parviendra à préparer d'avance les matériaux de la publication qui doit couronner l'entreprise.

Je pense enfin que deux ou trois ans seront ensuite suffisans à Paris pour mettre au jour un ouvrage complet sur les régions barbaresques; sorte d'encyclopédie, où nulle branche de nos connaissances n'usurpera de place exubérente, où rien ne sera omis ni sacrifié, où chaque chose, mise en son lieu, y sera traitée dans les proportions voulues, qui devra l'emporter conséquemment sur tous les ouvrages qui ont vu le jour jusqu'ici, notre grand ouvrage de Morée y compris, dont chaque collaborateur retirera sa part d'honneurs et de gloire, enfin dont les dernières livraisons ne se feront pas scandaleusement attendre au mépris d'engagemens contractés, et qui n'eussent pas dû permettre à ceux qui se jouent, par des lenteurs coupables, du gouvernement, de leur libraire et des souscripteurs, qu'ils entreprissent autre chose, avant d'avoir complétement rempli la totalité de leurs engagemens.

Éliminant de la commission exploratrice tous sujets inutiles ou emplois parasites, son personnel serait composé de la sorte :

Un chef dirigeant assité d'un interprète choisi sur les lieux ;

1° *Section du littoral :* Un zoologiste pour les invertébrés ;
Un zoologiste adjoint préparateur pour les vertébrés ;
Un botaniste ;
Un dessinateur d'histoire naturelle.

2° *Section de l'intérieur :* Un zoologiste ;
Un botaniste.

3° *Section nomade :* Un zoologiste adjoint pour les invertébrés ;
Un zoologiste adjoint préparateur pour les vertébrés ;
Un botaniste agriculteur ;
Un géologue ;
Un physicien ;
Un peintre paysagiste ;
Un dessinateur d'histoire naturelle ;
Un antiquaire ;
Un historien ;
Un architecte ;
Un philologue.

Dans cette énumération n'est pas comprise la section géodésique et topographique, dont les travaux sont maintenant en pleine activité, et que, du dépôt de la guerre, le chef de cet établissement dirigé avec non moins de sollicitude que d'activité. Mais il devra lui être recommandé de faire la géographie ancienne, comme la firent en Grèce deux des membres de la brigade topographique (MM. Boblaye et Peytier). Je pense, au reste, que dans la grande publication monumentale de la commission d'Algérie, les travaux géographiques devront, comme je le réglai dans la publication de Morée, paraître en tête de l'ouvrage et lui servir en quelque sorte d'introduction.

Les officiers d'état-major, de la ligne et de santé, ainsi que tous autres explorateurs qui se sont occupés de géologie, de botanique, de zoologie, en un mot d'une branche quelconque des sciences naturelles, seraient invités à concourir, par leurs communications, au succès de l'entreprise, et toute latitude devrait être laissée au directeur pour faire concourir vers un seul but le contingent de tous. Il aurait la faculté, selon les circonstances et pour le bien de l'expédition, de détacher sur tel ou tel point un membre de la commission quand il y jugerait sa présence utile. Son grand art doit être de diviser les recherches ou de les faire converger à propos ; de veiller à la sûreté de ses subordonnés ; d'encourager chacun au travail par son exemple ; de mettre, par tous les moyens convenables, les services et le savoir en relief et de veiller à ce que pas un fait digne d'être annoté n'échappe à l'investigation. Il ne tolérera pas enfin qu'on dérobe à la rédaction générale ce que le gouvernement achète par des sacrifices, le droit de publier, ni qu'on détourne dans un intérêt personnel la moindre part des travaux de tous.

Des vues d'intérêt sordide ne devant point engager ceux qui aspirent à faire partie de la commission à s'y faire admettre, l'on doit en repousser conséquemment tout aventurier qui, ne cherchant qu'à faire parler de soi, y voudrait entrer pour en déserter quand sa vaine curiosité serait satisfaite aux dépens de l'État. Des honoraires, qui ne sauraient être exorbitans, mais qui ne doivent pas non plus être parcimonieux, suffiront pour mettre chaque membre de la commission non seulement au dessus des besoins, mais encore dans cette aisance nécessaire pour ajouter aux chances de conservation par le bien-être; les traitemens alloués à la commission de Morée, et qui me paraissent suffisans, seraient, avec quelques modifications, affectés à la commission d'Afrique, ainsi que les indemnités de logemens, vivres et transports qu'on jugerait convenables.

J'aurai l'honneur de soumettre à son excellence, dans une note particulière, le tableau comparatif de ce que, sur ce pied, coûta la commission scientifique de Grèce, et de ce que pourrait coûter celle d'Algérie. On ne saurait douter que les chambres qui se sont montrées si bienveillantes pour l'expédition scientique, ordonnée par le ministère Martignac, n'accordassent les fonds nécessaires pour une entreprise semblable et d'une utilité plus directe.

Paris, ce 16 octobre 1838.

PARIS. — IMPRIMERIE DE COSSON,
Rue Saint-Germain-des-Prés, n. 9.

www.ingramcontent.com/pod-product-compliance
Lightning Source LLC
LaVergne TN
LVHW020457230826
846091LV00008BA/3245

* 9 7 8 2 0 1 3 6 2 9 9 8 0 *